自分に出会うための
ドリーム・ダイアリー

Dream Diary for Making Contact with Inner Self

土沼 雅子
Masako Donuma

金剛出版

プロローグ

　私は1軒の家で「こころの相談室」を開室しています。名前はTSS（Time-Space Spirit）といいます。自分のこころや精神、聖なるこころと向き合う時間と空間を提供しています。そこでは、個人のカウンセリングから臨床心理士のためのスーパービジョンやセミナーも行います。

　そのなかで毎月1回日曜日の15時から「ドリーム・カフェ」と称して会を催しています。

　コーヒーやお茶を楽しみながら参加メンバーが夢を持ち寄り、自分の見た夢を話し合います。

　あえて、分析はせず夢の香りを楽しみます。

　わかったふうに分析をすることで、夢見人を不快にしたり、せっかくの夢の流れを止めてしまうからです。しかし、気づいたことは自由に述べます。毎回10〜12人くらいの人が集まります。

　何の制約もなく自由な参加ですが、ときにはお酒のお土産があったりして、ドリーム・バーに変わることも楽しみの一つです。心地よい音楽と夢を肴に語り合い、杯をくみかわすなんて素敵だと思いませんか。

CONTENTS

- 003 プロローグ
- 008 夢ノートをつくろう
- 012 夢の歴史
- 013 西欧における夢
- 014 夢に取り組むまえに
- 015 夢にアプローチしよう
- 016 内的世界とのつきあい方
- 022 夢とどうかかわるか
- 026 夢の意味とメッセージ
- 030 夢と芸術と神話
- 034 夢の意味のレベル
- 040 集合的無意識と元型
- 044 夢の構成
- 048 種々の元型とシンボル
- 052 自由連想法と拡充法
- 056 客観的な夢と主観的な夢
- 060 夢のはたらき 補償と警告
- 064 悪夢
- 068 大きな夢 イニシエーションの夢
- 074 神託夢 聖なる夢
- 078 自我と自己(セルフ)

082 自分が自分であるために
088 個性化にかかわる元型イメージ
094 自己（セルフ）とは
098 自己のシンボルとしてのマンダラ
102 ユングの夢
108 共時性と布置
112 人生の究極の目標
116 ゲシュタルト療法の夢
120 夢を生きる

124 エピローグ

CONTENTS

自分に出会うための
ドリーム・ダイアリー

夢ノートをつくろう

　　最近、自分に自信が持てないと訴える若者が増えています。すぐに手に入る知識や情報と一時的な快楽だけでは、どこかむなしさを感じるのも仕方ありません。

　本気で人と向き合ったことはありますか。あるいは何かに全力で真剣に取り組んだことはあるのでしょうか。自信が持てないという人は自己理解ができていない人が多くいるように思います。自分について深く知るための一つの方法は夢を手掛かりにするという方法があります。

　だれでもすぐ始められる方法は、夢日記、夢ノートをつくってみるということです。パソコンに打ち込むのもいいですが、それを大切にし、愛着が持てるとよいでしょう。この本はそのためのおすすめのノートです。夢のほかに絵や注を入れたり、コラージュ（切り抜きを張る）したり、自分なりの方法で使いこなして下さい。

　書き留めるだけでも十分ですし、散歩や通勤や通学の電車のなかでそっと復誦するだけでも、こころは応えてくれるはずです。

子ども時代の夢

題名 [　　　　　　　　　　　　　　　　　]

＊子ども時代にみた夢で印象に残っているものを書いておきましょう。
　心の成長の方向を表現していたり支援していると考えられます。

　　　　年　　月　　日の夢

題名 [　　　　　　　　　　　　　　　　]

- -

- -

- -

- -

- -

- -

- -

- -

- -

- -

- -

夢のイメージ

夢の歴史

古代の日本では「古事記」「日本書紀」「風土記」などに夢の描写があります。夢の語源は「いめ（寝目）」で睡眠中の目をさし、さらにたどれば「いめ」は「魂の目」という意味になるそうです。平安朝の歌には「夢の魂」という句がもちいられ、夢をみることが魂を表すこととされていたようです。「日本書紀」では、夢が「神のお告げ」と考えられていました。たとえば法隆寺の夢殿は、聖徳太子が霊夢（神のお告げ）を得るための聖所であったようです。

「万葉集」では夢と恋心は深い関係があるようで、夢という言葉を使っている歌が96首あります。相手のことを強く想ったり、相手が自分を想ってくれると、自分の夢に相手の姿が現れる。このような考え方は現在でもみられます。

平安時代の「更級日記」「蜻蛉日記」には、苦悩する女性が寺社に何日も参籠し、夢に解決を求めたことが書かれています。

このように古代から日本の人々にとって、夢はたいへん重要な、神聖なものでありました。

西欧における夢

　西欧でも科学的な思考が発達する以前に、夢は人々に身近で、生きていくうえで重要視されていたという事実も見逃せません。

　西欧でも神話の時代から人間は夢と深くかかわってきました。古代の記録からは夢を肉体から分離した魂の真の経験であるとか、夢や聖霊の声と考えたようです。旧約聖書の「創世記」にはエジプトの王ファラオの見た夢が記されています。その夢は神が人に告げ知らせる幻影、つまり神聖な啓示とみなされています。また、ギリシャやインドでは病気の診断に夢を使ったそうです。ギリシャの哲学者ソクラテスは、夢が良心の声であり、夢を慎重に扱い従うことを教えました。また、キリストが現れたころ、エルサレムには24人の夢解釈者がいたそうです。

　1850年ころから夢の研究がおおいに発展しました。精神分析の創始者であるフロイトは1900年に「夢判断」を出版し、夢には隠された意味内容があると主張しました。そこから夢の取り組みが本格的に始ったといえます。

夢に取り組むまえに

あなたは夢にどうつきあってこられたのでしょう。夢の世界を無視している人にはもう少し夢に注意を払うことをお勧めします。しかし、夢の世界にどっぷりつかっている方には現実の日々の雑事や課題と向き合ってこなしていくことも大切にしてもらいたいと思います。

夢は過小評価してもいけないし、過大評価してもいけません。夢とつきあうことは無意識の世界にこころを開いていることを意味しています。謙虚に虚心に夢とつきあいませんか。

科学と技術はどんどん進歩していきますが、人間の叡智についての洞察は逆に退化しているように思えます。人は外側からの情報にふりまわされて、自分自身のこころのなかにある叡智に気づくことも忘れているようです。こころのなかの小さなささやきやかすかな感覚なども大切なこころのメッセージなのです。もちろん、宇宙のように広大で深い無意識をすべて知れるわけもありません。

自分の無意識を信じ、自分を信頼できれば、必要な夢は必要なときに思い出すことができます。

夢にアプローチしよう

夢とは一体なんなのでしょう。誰でもそう思うでしょう。日常生活に関係ないと思えば、無視してでも生きられます。しかし、ほんとうに夢は生きることと関係がないのでしょうか。

　夢は面白いし、楽しいし、怖いし、不気味だし、わからないことの宝庫です。それはまるで人間そのものに似ていませんか。わからない人間のこころが夢を通してすこしは見えてきます、これが夢の不思議さであり、無視してしまうにはあまりにももったいないといえます。無意識の発見者、S.フロイトは「夢は無意識の王道である」といい、E.フロムは「解釈されていない夢は読まれていない手紙のようなものである（ラピ・ヒスダ）」と述べています。C.G.ユングは「夢は魂の最奥の、もっとも神秘の奥まったところにある、隠された小さな一つの扉である。その扉は、こころという宇宙の夜に向かって開かれている」と語ります。

● 「夢とは、まさに非実存のなかに攻め入る一大攻撃のようなものである」　　　　　　　　　　　　——F.S.パールズ

内的世界とのつきあい方

　臨床心理学の訓練を受けてきたセラピストは内的世界と外的世界（日常）をみきわめつつ、どちらにも自由に出入りすることができ、こころの目でクライアントを見守っています。セラピストに夢を語ることが安全弁になり、夢に溺れず、夢そのものの治癒的はたらきに沿うことができます。セラピストは巫女のようなものかもしれません。もし、あなたが怖い夢や気持ち悪い夢を見たときは、信頼している友人に聴いてもらうのも良いでしょう。ノートや日記に書くことで危険性は減ります。嫌な気分を絵具で紙にぶつける方法もあります。

　また嫌な夢や覚えていたくない夢は忘れてもかまいません。自分の心に正直でよいのです。

　ただし、こころに嵐が吹こうとも、霧に閉ざされても、日常生活の課題や要求からは逃げないでください。日常生活も滞ってしまうなら、しばらくは夢から離れて、目の前の自然や人々に関心を向けましょう。

年　　月　　日の夢

題名 [　　　　　　　　　　　　　　　　]

年　　月　　日の夢

題名 [　　　　　　　　　　　　　　　　　　　]

年　　月　　日の夢

題名 [　　　　　　　　　　　　　　　　]

夢のイメージ

夢のイメージ

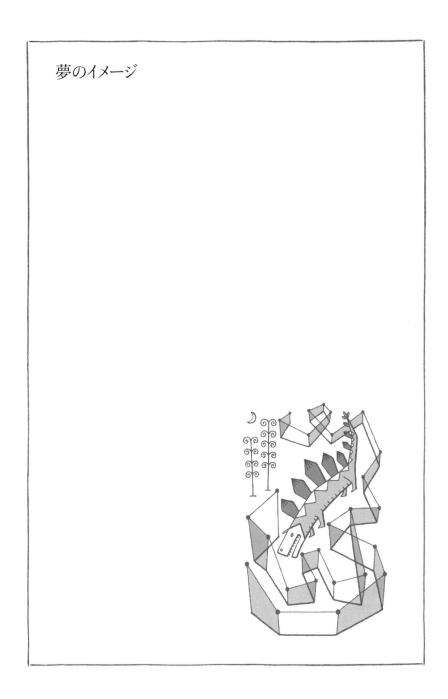

夢とどうかかわるか

ユングは夢を内面のドラマとして理解していきました。夢に現れたものはそのままナイフはナイフ、教会は教会としてとらえていきました。

どうするか、具体的に示しておきましょう。

夢をみたらまず、見た夢をそのまま、できるだけこまかく文章にします。すぐに書く時間がないときには、思い出せるようにキーワードを順番にならべておきます。

日付も重要です。夢全体からタイトルをつけましょう。絵画展の絵についている題名のようなものと考えればよいのです。文章では表しにくいときには絵を描くのもおすすめです。

夢をノートに記述し、じっくりとその夢を味わいましょう。分析や解釈をしなくても大丈夫です。こころとともに夢は生きています。生命力に満ちています。自分がわかる範囲で無理に分析したり、解釈してしまうとわかったような気がしますが、それは生きている蝶を殺して標本にしてしまうことに似ています。夢のいのちを大切に眺めてつきあいましょう。

年　　月　　日の夢
題名 [　　　　　　　　　　　　　　]

Dream Diary for Making Contact with Inner Self

　　　　年　　月　　日の夢

題名 [　　　　　　　　　　　　　　　　]

　　　　‥‥‥‥‥‥‥‥‥‥‥‥‥‥‥‥‥‥‥‥

　　　　‥‥‥‥‥‥‥‥‥‥‥‥‥‥‥‥‥‥‥‥

　　　　‥‥‥‥‥‥‥‥‥‥‥‥‥‥‥‥‥‥‥‥

　　　　‥‥‥‥‥‥‥‥‥‥‥‥‥‥‥‥‥‥‥‥

　　　　‥‥‥‥‥‥‥‥‥‥‥‥‥‥‥‥‥‥‥‥

　　　　‥‥‥‥‥‥‥‥‥‥‥‥‥‥‥‥‥‥‥‥

　　　　‥‥‥‥‥‥‥‥‥‥‥‥‥‥‥‥‥‥‥‥

　　　　‥‥‥‥‥‥‥‥‥‥‥‥‥‥‥‥‥‥‥‥

　　　　‥‥‥‥‥‥‥‥‥‥‥‥‥‥‥‥‥‥‥‥

　　　　‥‥‥‥‥‥‥‥‥‥‥‥‥‥‥‥‥‥‥‥

　　　　‥‥‥‥‥‥‥‥‥‥‥‥‥‥‥‥‥‥‥‥

夢のイメージ

夢の意味とメッセージ

ロジェ・カイヨワは「夢を翻訳したい、その象徴的意味を発見したいという欲求は驚くほど普遍的恒常的なものである」と述べています。

夢はこころの奥底（無意識）から湧き出てくるようです。夢が語る言葉はあとで述べる象徴のことです。それらは個人が自分の経験から作り出したものや、太古から受け継がれてきた人類共通のものもあります。たとえば鳥は多くの文化に共通して自由や魂を表し、火は破壊や浄化や、生命のエネルギーとしての根源の火を表します。水は生命そのものや無意識を表します。

象徴を知らなくても、言葉にならなくても何となく私たちは夢の意味を感じ取っています。

多くの夢のメッセージは願望や期待と結びついています。あるいは日常の不安や気がかりが表れていることもあります。女性は家庭内の出来事の夢を見る傾向があり、男性は家庭外の仕事や社会の出来事の夢を見る傾向があるという人もいます。しかし、その他はこころの深層から生じてきます。

年　月　日の夢

題名 [　　　　　　　　　　　　　]

　　　　年　　月　　日の夢

題名 [　　　　　　　　　　　　　　　　　]

夢のイメージ

夢と芸術と神話

　内的世界とつながりを持つと生活が充実してきます。なかでも芸術創造の世界と内的世界はつながっています。フランスの画家マルク・シャガールの絵画は夢幻的世界を感じさせてくれます。夢の世界と芸術はともに命の根源からわきあがるイメージの世界です。イメージの世界に触れることによって遊びが生まれ、遊びはこころにエネルギーと癒しを与えます。

　私たちの夢はときに神話のような形式を持っていたりします。現実の世界では体験したことのないことが起こったり、神話に出てくるような人々に出会ったりもします。ロロ・メイは「神話は芸術という形式をとった物語ですので、それによって普遍化されるのです」と述べています。神話は愛や死や喜び、また災難についてもその普遍的な意味を経験させてくれるので、芸術も神話も私たちの世界に意味を与えてくれるといえます。夢もまた芸術や神話と同じように無意識の次元からイメージやシンボルを送り込んで私たちに働きかけているのです。

年　　月　　日の夢

題名 [　　　　　　　　　　　　]

年　　月　　日の夢

題名 [　　　　　　　　　　　　　　　　]

夢のイメージ

夢の意味のレベル

夢は無意識のさまざまな層からやってきます。

　D.フォンタナはその層を3層に分けています。

レベル1──前意識の層です。心の一番浅いところで、起きたときにすぐに思い出すことができるものです。

レベル2──個人無意識の層です。意識には達しない記憶ですが、こころの生活には大きな影響を及ぼしています。子ども時代のトラウマ（こころの傷）や抑圧された願望や不安、無視されてきた期待や感情などです。

レベル3──集合的無意識の層です。ユングは「人類の広大な歴史的倉庫」といっています。原始的な考え、野心や衝動のテーマや祖先が経験してきたことを意味するシンボルや元型の倉庫です。集合的無意識はすべての人が祖先から神話や伝説として受け継いできたものが貯蔵されている領域なのです。

年　　月　　日の夢

題名 [　　　　　　　　　　　　　　　　]

年　　月　　日の夢

題名 [　　　　　　　　　　　　　　　　]

年　月　日の夢

題名 [　　　　　　　　　　　　　]

夢のイメージ

夢のイメージ

集合的無意識と元型

　ユングは、個人無意識よりさらに深いこころの領域を発見しました。統合失調症の患者が語る話や、見た夢、描いた絵などに患者の知らない民話や神話の題材がでてきたり、人々の夢にも原始的・太古的象徴があらわれていることに気づきました。古代の象徴がこころの深い層に眠っていると考えてそのこころの層を集合的無意識と名づけました。古い神話的世界とつながっているこの層は全人類に共通なこころの深層と考えられます。この集合的無意識と結びついていくことを個人の成長とユングは考えました。意識できる狭い個人的なこころだけではなく、広大なこころの世界を含めた全体のこころで生きるようになることを意味しています。そしてユングはこの過程を個性化と名づけたのです。この個性化の大部分は夢を通じて行われます。集合的無意識のなかには人間が体験してきたことすべてが、元型として数えきれないほどあると考えられています。元型は見ることができません。私たちが夢で見るのは元型から送られてくる元型イメージなのです。

年　月　日の夢
題名 [　　　　　　　　　　　]

年　　月　　日の夢

題名 [　　　　　　　　　　　　　　],

夢のイメージ

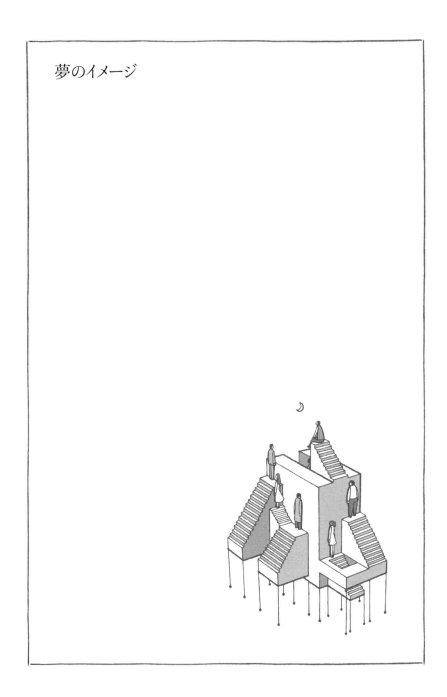

夢の構成

夢は劇の構成に似ています。どんな夢にしろ始まりがあり終わりがあります。その間にはストーリー展開があります。私は「起承転結」と4部にわけるのがなぜか好きです。みなさんも自分の夢を無理やりにでも4部にわけてみましょう。1部では場所、とき、登場人物が告げられます。2部では夢のテーマ（主題）が提示されます。無意識が意識に伝えたいなにかが示されるのです。3部は転回の部分です。夢のできごとを急展開させたり、クライマックスへもっていったり、なにか事件がもちあがったりします。4部は大詰めが来ます。集結です。夢が終わってもなにかこれからを暗示するような余韻を残す終わり方もあります。

ただ、目覚めると忘れてしまったのか、一部だけのものや一カ所だけが強烈で前後が思い出せないことも多いかもしれません。あまり気にすることなく、自分にとって意味がありそうなものを丁寧に劇の構成のように分割して考えてみると、面白い発見があるかもしれません。

年　　月　　日の夢

題名 [　　　　　　　　　　　　　　]

　　　　年　　月　　日の夢

題名 [　　　　　　　　　　　　　　]

夢のイメージ

種々の元型とシンボル

　無意識は主としてシンボルを通じて自己表現をするのです。芸術の表現はすべてシンボルを含むといっても過言ではありません。記号が一つの意味を指すのとはちがってシンボルは非常に複雑な多くの意味を内包しています。たとえば「うちのおふくろはミカンみたいな人だ」あるいは「うちの弟は柴犬みたいだ」なんて表現は個人のこころから自発的に生じてくるものです。夢には個人のシンボルだけではなくて、人類共通の普遍的（集合的）なシンボルも現れてきます。たとえば、海や山、木や火、太陽、月、などの自然に属するものや仮面、怪人や異邦人、王子や王女、老婆や魔法使いなど、数えきれないほどあります。たとえば木を一つとっても木はダイナミックで生きています。でも枯れた木もあり、根っこから伐採された木もあります。寒いところの樹や熱帯の樹もあります。とても明確に定義はできません。このようにシンボルは多様な側面と意味を内包しています。だからシンボルは神秘的で謎だらけで面白いといえるのです。

年　月　日の夢

題名 [　　　　　　　　　　　　　]

年　月　日の夢

題名 [　　　　　　　　　　　　　　　]

夢のイメージ

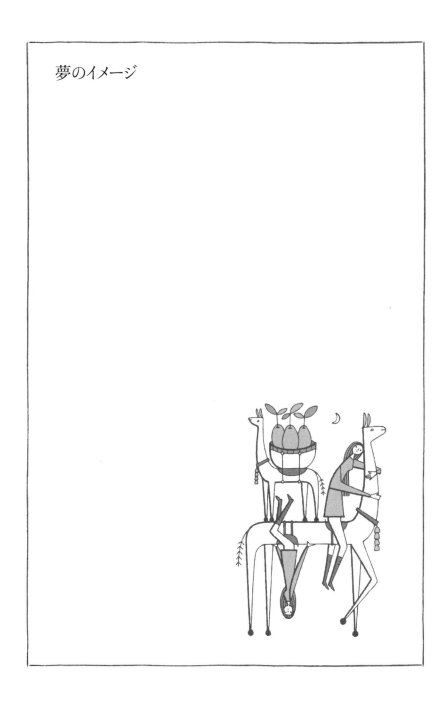

自由連想法と拡充法

　ある人が「自分の庭の水たまりに巨大なカエルが住んでいる」という夢を見たと仮定します。

　「カエル」はそのままカエルと受け取るのがゲシュタルト療法のような現象学派です。そこで実際カエルになってみてカエルの気分で体を動かしたり、話したりしてみます。

　フロイト派の精神分析では「カエル」から自由に連想します。カエル、雨、雨と言えば傘、傘からは雨靴、小学生、ランドセル、というふうに流れていきます。ユング派では拡充法を使います。あくまで「カエル」について考えるのです。たとえば、カエルは水のなかと地上で生きるので二つの世界をつなぐ媒介者、おたまじゃくしから変態するので、変身の象徴、再生とよみがえりの象徴、ぬるぬるした皮膚から性器、カエルは卵をたくさん産むのでエジプトでは出産の保護神、カエルの住む湿地や沼地はグレートマザー（太母）の聖地なので、カエルは女性性や母性のシンボルとされ、中国では「陰」の原理の象徴とされています。このように思いつくものを拡げていくのです。

年　　月　　日の夢

題名 [　　　　　　　　　　　　]

夢のイメージ

夢のイメージ

客観的な夢と主観的な夢

　たとえば自分の現在の恋人とけんかをしている夢を見て、自分は最近恋人を支配しすぎているかもしれないと反省した場合、夢を見た人の現実の対象と人間関係を反映しているのではないかと考えます。そのような解釈を客観的な解釈といいます。このような解釈とは別に恋人は自分のなかのアニマ像（男性のなかの女性性）と感じた場合、自分はアニマとうまく調和できていない、情緒や感情とのバランスが欠けていると解釈するのは主観的解釈といいます。一つの夢にどちらの解釈を採り入れるかは一概には言えませんが、現実の人物に関心が大きく、関係について気がかりな場合は客観的な解釈が妥当でしょう。また他方、自分の最近のあり方を考えている場合なら主観的解釈になるでしょう。夢見る人の直感で構いませんし、主観的な解釈が現実の人間関係にも作用しているというようなつながりを見出すことも見逃せません。

● 「すべての人間は夢を見る存在でもある。夢を見ることにより、すべての人類は一つになる」
　　　　　　　　　——以上 J.マグワイアー、1992、VOICE

年　　月　　日の夢

題名 [　　　　　　　　　　　　　　　]

年　　月　　日の夢

題名 [　　　　　　　　　　　　　]

夢のイメージ

夢のはたらき
補償と警告

夢とたわむれ、遊んでいると潜在的な創造性が活性化してきます。そこで夢のはたらきをもっと知っておくと自己実現や個性化に役立ちます。ユングによると、夢の大きな役割は補償です。「夢の一般的機能は、微妙な方法で心全体の平衡性をとりもどさせるような夢の材料を産出することによって、心理的な平衡を回復させる試みなのである」。意識的な現実生活の偏りを無意識が補償するように働くのです。意識、無意識をふくめて人格全体を見渡して、偏りを修正しようとする働きを持つ存在を仮定して、それを自己（セルフ）と呼ぶのです。

　夢が補償的な性質をもって現れると、夢主にとっては警告の意味を持つことになります。

　みなさん、繰り返し見る夢はありませんか。もし、繰り返し見る夢があるなら謙虚な気持ちで夢のメッセージに耳を傾けましょう。そこには警告や人生の指針、個性化へのヒントが隠されているかもしれません。

年　　月　　日の夢

題名 [　　　　　　　　　　　　　]

　　　　年　　月　　日の夢

題名 [　　　　　　　　　　　　　]

夢のイメージ

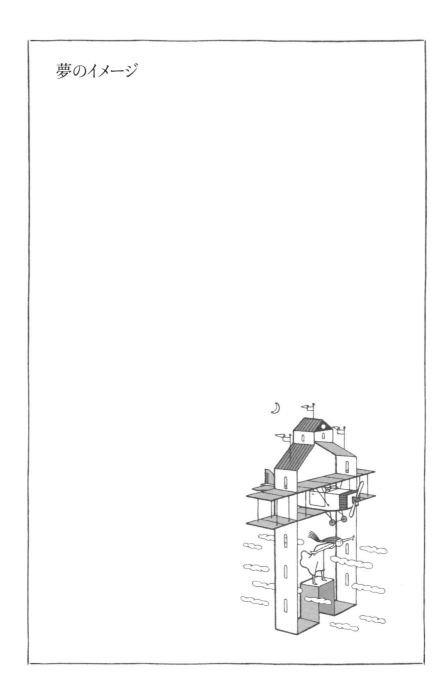

悪夢

「帰り道がわからない」「大切な全財産がはいったカバンをなくした」「人食いトラに追いかけられる」「恐竜の世界に迷い込んだ」「銃殺される」など怖い夢や悪夢といえる状況の夢など恐怖や不安や焦りの夢に出会うことは少なくありません。

なぜ、わざわざ心地よいはずの眠りのなかにこんな不快で嫌な夢を見るのでしょうか。

一つにはなにか緊急性があることかもしれません。今までの人生のなかで無視し、否認し続けてきたことが浮上してきたと考えられます。今やセルフがそのことに直面させようとしているのです。今取り組むべき課題なのです。次のステージにいくための緊急メッセージです。

新しい自分になるためには古い自分を壊す必要があるからです。

二つめに考えられるのは、過去の外傷体験で、未解決な問題が繰り返し、悪夢として解決を迫っていることも考えられます。

三番目は最近、刺激の強い嫌な体験をして混乱した感情や不安が対象化されたと考えられます。

年　　月　　日の夢

題名 [　　　　　　　　　　　　　　]

　　　　年　　月　　日の夢

題名 [　　　　　　　　　　　　　　　　]

………………………………………………………………

………………………………………………………………

………………………………………………………………

………………………………………………………………

………………………………………………………………

………………………………………………………………

………………………………………………………………

………………………………………………………………

………………………………………………………………

………………………………………………………………

夢のイメージ

大きな夢
イニシエーションの夢

「**大**きい」夢とは簡単にいえば意義深い夢のことです。夢を見た当人にとって印象深く、何年たっても忘れられないような夢のことです。そしてその夢には個人的な意味だけでなく他の人々の関心にもなるような意味が隠されています。私たちは人生の節目で「大きな」夢に出会うことがあります。ときが熟したとき、元型が自然と活性化して無意識から新しい意識を知らせる夢が送られてきます。大きな夢を見たときは、夢見人は人生の、あるいはこころの流れの次の段階へと促されているのです。その意味ではイニシエーションの夢といってもよいでしょう。イニシエーションは通過儀礼と訳され、一つの世界から次の世界へ移るときに行う儀礼的行為です。

　日本では形骸化してはいますが成人式や結婚式、七五三などがあります。ここではこころの成長の新しい局面を迎える意味で使います。

　自分のこころを信頼し、大きな夢は大切にじっくりとつきあうことをお勧めします。

年　月　日の夢
題名 [　　　　　　　　　　　　]

　　　　年　　月　　日の夢

題名 [　　　　　　　　　　　　　　　]

年　月　日の夢
題名 [　　　　　　　　　　]

夢のイメージ

夢のイメージ

神託夢
聖なる夢

「大きい」夢のなかには、神託夢、聖なる夢としか呼びようのない夢が含まれていることがあります。古代では夢そのものが神々の啓示とみなされていることを思えば、不思議なことではありません。聖なる夢は神があらわれているというよりも、神的な力が感じられる夢、あるいはセルフの存在を垣間見るような夢ともいえます。このような夢は不合理なテーマであることも多いのですが、夢を見た人は、なぜか深くこころを動かされます。そしてその人の精神的発達に大きく影響を与えるのです。その意味で人格変容の夢ともいえます。

このような夢と出会うためには、日ごろから自己探求や実存についての理解を深め、真実を見る勇気をもって、人生と向き合っていくことが必要だと感じています。

● 「夢とは夢を見る人が装置、俳優、プロンプター、演出家、作者、観客、批評家のすべてとなっている劇場」
——ユング、秋山さと子編訳、1980

年　　月　　日の夢

題名 [　　　　　　　　　　　　　]

　　　　年　　月　　日の夢

題名 [　　　　　　　　　　　　　　　]

....
....
....
....
....
....
....
....
....
....

夢のイメージ

自我と自己(セルフ)

　ユングが指し示したように自我と自己がつながり、自我を通じて自己を実現していくことが自己実現であり、個性化のプロセスなのです。
　自己を体験すると人生観や人間観が大きく変わります。自己は自分を支えると同時に、狭くて、小さな個人的な自分を超えたものとして感じられるのです。
　もし、ある人が自分という存在が自分自身や世界とうまく調和しているように感じられ、「いま、私はわたしだ」と心地よく感じられるならば、自我が自己とつながり、自己が実現されているといえます。
　なにか不満で、不調和で、居心地が悪いとき、たとえば無気力、落ち込み、不安、いらいらなどの場合、自己がうまく実現されておらず、自分らしい本来的なあり方からずれていると考えてよいでしょう。それは生き方の問題です。
　そんなときは、自分のあり方、生き方、考え方を見つめる必要がありそうです。個性化の布石はどこにでもあるのです。

年　月　日の夢

題名 [　　　　　　　　　　　　　]

年　　月　　日の夢

題名 [　　　　　　　　　　　　　　]

夢のイメージ

自分が自分で
あるために

 ありのままの本来の自分になるために、自己からのメッセージを含む夢に気を配り、夢を大切に扱ってみることをお勧めします。

 夢から自分自身について多くのヒントが得られることがあるからです。夢の方が自分の頭で考えることよりずっと正直だともいえます。

 夢に見たことが実際に起こるということもあります。それはエプロンを買うといった些細なことから、病気になる、家族が事故にあうといった大きな出来事の場合もあります。個性化（自己実現）は苦悩を通してプロセスが進行します。自己がアレンジして苦悩に直面させているともいえます。時熟という言葉があります。変わらなければならないときが来たのです。それは自己実現のときでもあるといえます。そんなときには多くの偶然が起こります。その人にとっては意味のある一致、つまり共時性がみられます。夢で出会った人に出会う、過去の夢で見た場所に引っ越す、などなどです。

年　　月　　日の夢
題名 [　　　　　　　　　　　　　]

年　　月　　日の夢

題名 [　　　　　　　　　　　　　　　　]

年　　月　　日の夢

題名 [　　　　　　　　　　　　　　]

夢のイメージ

夢のイメージ

個性化にかかわる元型イメージ

個性化の過程で活動してくる元型イメージがあります。それらは人生のなかで重要な役割を持っています。ごく簡単に述べておきましょう。

- ペルソナ——仮面です。人が外界に適応するために、社会に承認されるような好ましい印象を与えることを意図しています。役割や肩書のようなものです。夢では制服、洋服、履物、化粧、礼儀作法、癖などとしてあらわれます。

- シャドウ（影）——いままで自分が作ってきた人格の裏に隠されている影の部分です。抑圧されてきた面や生きられなかった面のことで暗い兄弟ともいいます。夢では性格や環境が自分とは正反対の同性の友人が現れたり、泥棒、強盗、敵、悪魔、動物、暗闇などとして示されることがあります。あまりにシャドウを抑圧しすぎるとシャドウが一つの人格として働くことがあります。二重人格、多重人格がそれです。そう簡単に統合はできなくとも、自覚していることが大切です。

- アニマ──シャドウの自覚の次は、異性像との出会いです。アニマは男性のこころのなかの理想の女性であり、または男性自身の女性的な部分（女性原理）ともいえます。アニマは男性にとってのエロス、すなわち感情、ムード、非合理的なものへの感受性、関係性を表します。アニマが肯定的には働くとき、男性は直観や霊感をえて、多くの創造的活動ができます。しかし、否定的に働くとき、男性は情緒不安になったり、無気力や、暗い気分に落ち込んだりします。男性の夢ではアニマは娼婦、魔女、天使、妖精、少女、雌ライオンやトラ、猫、船、洞穴などのすがたをとることがあります。

- アニムス──女性のなかの永遠の男性であり、自身の男性的側面（男性原理）です。ロゴス（精神性）、つまり常識や意見、禁止、切断し、構築するというこころの精神的側面を表します。

  女性の夢では、スポーツ選手や英雄、王子や騎士、俳優や政治家あるいは言葉や知恵、教会などとして示されることがあります。

- グレート・マザー──こころの像（アニマ・アニムス）との対決の後、こころの成長は進み、精神的なものを表すイメージと出会うことになります。すべての人のこころのなかにある母なるもの、母性的存在のイメージです。女性にとって成熟したときの自己イメージと

もなります。

　夢では、聖母、女神、マリア、観音、老賢女、魔女、怪獣、蛇、森、沼、海、月、樹木などがその象徴としてあらわれます。

- オールド・ワイズ・マン──老賢者ともいいます。男性が成熟してこころの全体性である自己に近づいたときに表現される人格を持ったイメージです。このオールド・ワイズ・マンは自尊心、権威、名誉をにない、あらゆる状況を把握してそれらを自由に使いこなすなど世俗を超えた完成した男性イメージです。たとえば、仙人、守護者、菩薩、男神、稲妻などの自然現象、聖霊などとして夢に登場します。

　これら六つの元型イメージは人格と行動を自己へ近づけていくうえで重要です。その他人生で出会う元型的イメージは数限りなくあります。

「意識的な心が止めてしまったことでも、無意識的な心は、しばしばその問題を扱い続けているものです。」
　　　　　　　　　　　　　──R.ラングス、1994

年　月　日の夢

題名 [　　　　　　　　　　　　]

年　　月　　日の夢

題名 [　　　　　　　　　　　　　　　　]

夢のイメージ

自己（セルフ）とは

　自己は先に述べたように、自分の存在の中心であり、無意識の中心、あるいは意識と無意識を合わせた中心ともいえます。自我を超えたものであって、人とこころの統合原理として心的生活の中心的立場を示します。しかし、自己実現を達成できるかどうかは自我の協力に依存しています。深い自己理解のためには自己からのメッセージである夢やイメージ、ファンタジーを自我が受け取る必要があるからです。

　自己を知るためには二つの方法があります。一つは夢の分析・理解によって自己の認識に近づくことです。もう一つは真の宗教体験によって、自己を理解し、実現に向けて精進することです。ここでいう宗教とは宗派ではなく、精神の発達を意味しています。

　結局、自己という概念は心理学的な概念です。科学的には証明はできませんが、すべての人の実現目標であり、内的な道しるべであり、真理であるといえます。「自己たること」が人生の究極の目標です。

年　月　日の夢

題名 [　　　　　　　　　　　　　]

年　　月　　日の夢

題名 [　　　　　　　　　　　　　　　　]

夢のイメージ

自己のシンボルとしての
マンダラ

　ユングは方向喪失の時期、極度の孤独でした。そのころ、彼は毎朝、小さな円形の絵、つまりマンダラを描きました。その数はおぼえていないくらい多かったそうです。その過程でマンダラは自己、すなわち人格の全体性であると感じました。2年間こころのままにマンダラを描き続けながら、彼は自分の行為やすべてのことが究極的に到達すべき唯一の点、すなわち中心へ導かれていると感じ始めました。そしてマンダラは自己の中心の象徴であり、自己そのものの表現であることを感じました。

　その後、ユングは自分の全身で感じとったことを確実に表したといえるような夢をみています。すべての人のこころを揺さぶる普遍的な夢なので次に紹介したいと思います。自分の状態のすべてが示されているのを見て満足したユングは「このような夢が生じるとき、それは一つの恩寵として感じられる」と言い、52歳のときにマンダラを描くのをやめたのです。

年　　月　　日の夢

題名 [　　　　　　　　　　　　　　　]

Dream Diary for Making Contact with Inner Self

年　月　日の夢

題名 [　　　　　　　　　　　　　　　]

夢のイメージ

ユングの夢

　　ユングが「意識の発達の全過程の頂点」つまり、個性化のゴールを描き出していると感じた夢を参考までに引用しておきます。

　「私は汚い、すすけた町にいた。冬の夜で暗く、雨が降っていた。私はリバプールにいた。私は何人かのスイス人——まず6人ぐらい——と暗い通りを歩いていた。私たちは港からやって来つつあり、ほんとうの町は崖の上にあるのだと感じていた。私たちはそこを上っていった。それは私にバーゼルの町を思い起こさせた。バーゼルでは市場が下の方にあり、トーテンゲッシェン（使者の道）を通って上り、それは上方の広場、そしてペーテル広場やペーテル教会へと通じている。私たちが広場についたとき、私たちは広い四角い場所が街灯にうっすらと照らされているのを見た。その場所へは多くの街路が集ってきていた。町のいろいろな部分はこの方形の広場の周りに放射線状に配置されていた。中央には円形の池があり、その中央に小さい島があった。その周囲のすべてのものは雨や霧や煙、そしてうす明りに照らされた闇などでぼんやりとしていたが、小さい島は陽の光で輝いていた。島の上には一本の木、赤い花ざかりの木蓮が立っていた。それはあたかも、木蓮が日光のもとに立ち

つつ、同時に光の源でもあるかのようであった。私の連れは忌まわしい天候について語り、明らかに木蓮をみていなかった。彼らはリバプールに住んでいるもう一人のスイス人について話し合い、彼がここに住みつくようになったのは驚きだと言っていた。私は花ざかりの木と日光に輝く島の美しさに心を奪われてしまって、『彼がどうしてここに住みつくことになったかはよく解る』と思っていた。そして目が覚めた。」

そしてユングは次のように注釈しています。「この夢はそのころの私の状態を表現していた。私は今でも雨にぬれてきらきらしているくらい黄色のレインコートを目に浮かべることができる。すべてのことが不快で、黒く、くすんで――ちょうど私がそのころ感じていたような感じであった。しかし、私はこの世ならぬ美しさを見た。そして、それ故にこそ私は生きて来られたのだ。リバプールは『命の池』である。リバー（肝臓）は古代の考え方によると、命の座――『生命あらしめる』もの――である」と。

● 「生きられた現実こそ、真の現実である」　　　――土沼

Dream Diary for Making Contact with Inner Self

年　　月　　日の夢

題名 [　　　　　　　　　　　　　　　　]

年　　月　　日の夢
題名 [　　　　　　　　　　　　　　　　]

夢のイメージ

夢のイメージ

共時性と布置

　意味ある偶然の一致は主観的なものですが、他の人にはわからない衝撃や感動があります。

　J.S.ボーレンは共時性には三つのタイプがあると述べています。一つはこころの内容（思念や感情）と外界で起こるできごとの一致です。二つ目は夢やビジョン（幻想や幻影）が遠くで起こっていることと一致する場合です。もう一つは夢やビジョンであるできごとをたびたび見ていて、何かの前兆だと思っていたら、実際に起こったというものです。私たちは予知夢や予言夢とよんだりしています。

　このような共時的なできごとは誰にでも生じます。自分の夢やこころに目を向けつつ、外界のことにも関心を持っていれば、誰にでも教示的な結びつきに気づくのです。共時性の背景には普遍的（集合的）無意識の層があり、すべての人やものとつながっているからです。共時的な経験によって他者、自然、宇宙とのつながりが感じられればもう孤独ではありません。周りには親しさと愛が満ちています。

年　月　日の夢

題名 [　　　　　　　　　　　　　]

年　　月　　日の夢

題名 [　　　　　　　　　　　　　　　　]

・・

・・

・・

・・

・・

・・

・・

・・

・・

・・

・・

夢のイメージ

人生の究極の目標

　ユングは人間の生きる究極の目標を「自己たること」、つまり「真の自己であること」におきました。人は常に自己であろうとする傾向をもち、そのプロセスをユングは「個性化」と呼んだのです。

　ユングが個性化（自己実現）というときには、男性原理の力を用いて実社会で成功するという意味ではなく、科学や技術ではわりきれない自分の内面を見つめ、こころの深層の自己を発見し、その真の自己を現実のなかに実現していくことを意味しています。

　私は真の自己が無であることを体験から知っています。その無はゆたかな生命であり、光であり、自然であり、愛であり、美です。また自分が愛され生かされているがゆえに責任存在であることを経験しました。

　しかし、自我を超えることも自己中心性を捨てることも至難のことです。だからこうして私は今日もドリーム・ダイアリーをつけながら、セルフと対話しています。

年　　月　　日の夢

題名 [　　　　　　　　　　　　　　　　]

```
------------------------------------------------

------------------------------------------------

------------------------------------------------

------------------------------------------------

------------------------------------------------

------------------------------------------------

------------------------------------------------

------------------------------------------------

------------------------------------------------

------------------------------------------------

------------------------------------------------
```

Dream Diary for Making Contact with Inner Self

夢のイメージ

夢のイメージ

ゲシュタルト療法の夢

ゲシュタルト療法の創設者のF.S.パールズの考えはとても参考になります。ここで彼にしたがってゲシュタルト療法では夢をどのように扱うのか概観しておきます。

———

　心理療法の目的は一人一人を健全な全体性を持つ人間にすることだと考えています。つまりそれは葛藤のない、統合された人間を意味しています。そのためには夢を役立てるのです。パールズは夢を人間実存の最も自発的な表出と考え、私たちの人格のさまざまな断片が夢のなかに出てくると考えます。その断片をつなぎ合わせることによって、夢に隠された可能性に気づき、それを再所有することによって人格統合の道が開けるのです。したがって夢にあらわれたすべてのものは自分の人格の一部と考えられ、未完結な同化されていない状況を含むものなのです。

年　　月　　日の夢

題名 [　　　　　　　　　　　　　　　　]

年　　月　　日の夢

題名 [　　　　　　　　　　　　　　　]

夢のイメージ

夢を生きる

F.S.パールズは「夢から何か本当のことを得ようとするなら、決して解釈してはいけない」といいます。つまり、ゲシュタルト療法では解釈はしません。連想や知的洞察も分析も夢を切り刻むことになるのでいけません。夢は生命力の表出であり、表現と考えるなら、目覚めてから夢を思い出すとき、むしろ夢に生命を取り戻すようにします。そのために夢を現在のこととして演じます。夢に出てきた一つ一つの要素すべてになりきってみるのです。自分がまだ気づいていない自分の一部からのメッセージであるととらえ、それぞれのメッセージを聞き、体験します。その一部は子どものころに手放した自分の一部かもしれません。そのメッセージとともに感じる気持ちや感情も大切な気づきになります。自分の直観力に自信を持つことです。

夢は自分でも知らない真の自分、ありのままの本来の自分を教えてくれているのです。

夢の意味を生きることでありのままの自分の全体を取り戻していくのです。

年　　月　　日の夢
題名 [　　　　　　　　　　　　　　]

- -

- -

- -

- -

- -

- -

- -

- -

- -

- -

- -

Dream Diary for Making Contact with Inner Self

　　　　年　　月　　日の夢

題名 [　　　　　　　　　　　　　　]

夢のイメージ

エピローグ

　最近の世の中がますますマニュアル化し、ますます依存的で保守的で個性がなくなりつつあると感じています。葛藤を避け、うわべだけの軽く、楽しくながされていく生き方はそれなりに魅力的ではあります。しかし、その弊害も出てきています。人々は自己信頼が低く、空虚感、不安や孤独感を抱えていると感じます。本当に自分が欲しいものや希望や願いがわからないという人がいます。自分の人生はお仕着せではなく、自分で見つけなくてはなりません。自分を発見する方法はいろいろありますが、夢は自己発見の宝庫です。

　どうぞこのダイアリーをあなたの夢でいっぱいにしてください。そして大切に何度も読みかえしたり、友人やグループで話してください。

　このダイアリーが錬金術の炉や壺の役割を果たすでしょう。このダイアリーのなかで皆さんの夢が溶けたり、発酵したりして、あなたを癒し、本来の自分へとみちびき、あなたの黄金の華が咲きますように祈っています。

夢に関する本

秋山さと子	『夢診断』	講談社
アンデルテン, K.	『水の夢』	春秋社
カースト, V.	『砂漠の夢』	春秋社
河合隼雄	『夢と昔話の深層心理』	小学館
河合隼雄	『明恵 夢を生きる』	京都松柏社
ジェンドリン, E.T.	『夢とフォーカシング』	福村出版
シグネル, K.A.	『女性の夢』	誠信書房
鑪幹八郎	『夢分析の実際』	創元社
ディークマン, H.	『魂の言葉としての夢』	紀伊國屋書店
ハルク, H.	『木の夢』	春秋社
東山紘久	『プロカウンセラーの夢分析』	創元社
フロム, E.	『夢の精神分析』	東京創元社
ヘンダーソン, J.	『夢と神話の世界』	新泉社
ボス, M.	『夢』	みすず書房
ボスナック, R.	『夢体験を深める』	創元社
ホール, J.A.	『ユング派の夢解釈』	創元社
マイヤー, C.A.	『夢の意味』	創元社
マイヤー, C.A.	『夢の治癒力』	筑摩書房
マグワイアー, J.	『ドリーム・ワークブック』	VOICE
ユング, C.G.	『ユング自伝1・2』	みすず書房
ユング, C.G. 他	『人間と象徴 上下』	河出書房新社
リース, G.	『火の夢』	春秋社
渡辺雄三	『夢が語るこころの深み』	岩波書店

◆著者紹介

土沼 雅子［どぬま まさこ］

文教大学人間科学部臨床心理学科教授。その間、精神科病院カウンセラー、神経科クリニックカウンセラー、学校カウンセラーなどを兼任し、現在は心の相談室TSS（Time Space Spirit）を開いている。臨床心理士。

著書には『夢と現実』（二期出版）、『人間性の深層』（共著・創元社）、『イメージの人間学』（編著・誠信書房）、『カウンセラーのためのアサーション』（共著・金子書房）、『「つらい気持ち」をためこまない！50の方法』（すばる舎）、『アサーション・トレーニング 自分らしい感情表現』（金子書房）など。

自分に出会うための
ドリーム・ダイアリー

2015年1月20日　第1刷印刷
2015年1月31日　第1刷発行

著者―――――土沼 雅子
発行者―――――立石 正信
発行所―――――株式会社 金剛出版
　　　　　　　〒112-0005
　　　　　　　東京都文京区水道1-5-16
　　　　　　　電話 03-3815-6661
　　　　　　　振替 00120-6-34848

カバー・本文イラスト
　　―――――櫻田耕司
組版―――――石倉康次
印刷―――――平河工業社
製本―――――誠製本

ISBN978-4-7724-1408-1 C3011
Printed in Japan©2015